LEKTÜRE
HILFE

Der eingebildete Kranke

Molière

Verfasst von Johanne Boursoit
und Johanna Biehler
Übersetzt von Miriam Traub

DER
QUERLESER

DER QUERLESER

MOLIÈRE 11

DER EINGEBILDETE KRANKE 15

INHALTSANGABE 17

Erster Akt
Zweiter Akt
Dritter Akt

PERSONENANALYSE 29

Argan
Béline
Angélique
Louison
Toinette
Béralde
Cléante
Die Mediziner

INTERPRETATION 35

Die Gattung „Ballettkomödie"
Der Wandel der Ballettkomödie zur reinen Komödie
Die Intrigenkomödie
Die Komik Molières
Der eingebildete Kranke – eine Farce?
Molières Kritik der Medizin

ZUM NACHDENKEN   **55**

DARÜBER HINAUS   **59**

MOLIÈRE

FRANZÖSISCHER BÜHNENAUTOR, SCHAUSPIELER UND THEATERDIREKTOR

- **Geboren 1622 in Paris**
- **Gestorben 1673 ebenfalls in Paris**
- **Einige seiner Werke:**
  - *Don Juan* (1665), Komödie
  - *Der Geizige* (1668), Komödie
  - *Der Bürger als Edelmann* (1670), Comédie-ballet

Molière, dessen richtiger Name Jean-Baptiste Poquelin lautet und der gleichzeitig als Autor, Theaterdirektor und Schauspieler tätig war, stammt aus einer angesehenen Familie und wurde 1622 in Paris geboren. Er begann früh, sich für das Theater zu interessieren, und gründete mit der Schauspielerin Madeleine Béjart (1618-1672) die Theatergruppe L'illustre Théâtre. Nach 12 Wanderjahren mit der Schauspieltruppe, kehrte er nach Paris zurück, wo auch König Louis

XIV (1638-1715) auf ihn aufmerksam wurde und ihn mit dem Schreiben von Bühnenstücken beauftragte.

Hauptsächlich schrieb er Komödien, die auf humorvolle Weise die schlechten Eigenschaften seiner Zeitgenossen, wie Arroganz, Besserwisserei und Geiz, ans Licht brachten. Darüber hinaus kritisierte er zahlreiche Aspekte der Gesellschaft des 17. Jahrhunderts: autoritäre Väter, die gespielte Frömmigkeit mancher Bürger, Quacksalber-Ärzte, etc. Molières Stücke sind auch heute noch äußerst bedeutend in der Theater- und Literaturwelt und er ist unbestreitbar einer der wichtigsten Autoren der Klassik.

DER EINGEBILDETE KRANKE

LACHEN ÜBER DEN TOD

- **Textgattung:** Theaterstück, Ballett
- **Herangezogene Ausgabe:** Molière: *Der eingebildete Kranke*, aus dem Französischen von Wolfgang Heinrich Graf Baudissin, Damnick, Braunschweig, 2015
- **Erstausgabe:** 1673
- **Themen:** Hochzeit, Gesellschaftskritik, Ärzte, Hypochonder, Tod

Der eingebildete Kranke wurde erstmals 1673 aufgeführt und ist Molières letzte Komödie. Das Werk ist in drei Akte unterteilt, vermischt Tanz und Musik und erzählt die Geschichte eines jungen Paares, das heiraten möchte. Doch der Vater des Mädchens, Argan, der äußerst hypochondrisch veranlagt ist, möchte sie mit einem Arzt verheiraten und gibt sein Bestes, um die Hochzeit zu verhindern.

INHALTSANGABE

ERSTER AKT

1.-3. Szene

Der Hypochonder Argan rechnet aus, wie viel Geld er für seine medizinische Behandlung ausgibt, und ruft seine Dienerin Toinette herbei.

Die Angestellte betritt die Bühne und wird von ihrem Meister zurechtgewiesen, da sie getrödelt hat. Sie warnt Argan, dass sein Arzt und Apotheker es auf sein Vermögen abgesehen haben. Argan lässt seine Tochter Angelique kommen, um ihr eine Neuigkeit zu verkünden, doch dann lässt er sie alleine, um eines seiner Wehwehchen verarzten zu lassen.

4. Szene

Eine Woche zuvor hat Angelique Cléante kennengelernt. Sie schwärmt vor Toinette über den jungen Mann und gesteht ihr ihre tiefen Gefühle für ihn, sowie ihre Sorge, dass er ihre Liebe nicht so aufrichtig und ernsthaft erwidert, wie er es behauptet. Doch schon bald verschwinden ihre Zweifel, denn der junge Mann bittet Angelique, seine Frau zu werden.

5. Szene

Argan verkündet seiner Tochter, ein Mann habe um ihre Hand angehalten. Angelique stimmt freudig zu, im Glauben, es handle sich dabei um Cléante. Doch dann findet sie heraus, dass der Antrag von Thomas Diafoirus stammt, dem Neffen von Argans Arzt Herr Purgeon. Der Wunsch des Hypochonders, Ärzte in seinem nächsten Umfeld zu haben, geht in Erfüllung, denn Thomas Diafoirus wird in drei Tagen seinen Ärzteschwur ableisten. Toinette versucht, Argan umzustimmen und die Hochzeit zu verhindern, doch ohne Erfolg.

6.-7. Szene

Béline, Argans Ehefrau und Angeliques Stiefmutter, beruhigt ihren Mann, der nach einem Wortgefecht mit seiner Tochter erbost ist, da sie den zukünftigen Arzt nicht heiraten will. Nach diesem Gespräch will Argan sein

Testament zugunsten seiner Ehefrau ändern. Béline behauptet, gar nicht an den Fall seines Todes und sein Vermächtnis denken zu wollen, doch zieht nichtsdestotrotz ihren Notar Herrn Bonnefoy zu Rate.

Laut diesem kann Béline nur Argans Alleinerbin werden, wenn er ihr noch zu Lebzeiten sein Vermögen überträgt. Argan beginnt, die nötigen Schritte einzuleiten.

8. Szene

Angelique und Toinette kommen hinter Bélines falsches Spiel, die plant, ihre Stieftöchter enterben zu lassen. Um die Intrige zu verhindern, muss Toinette zunächst die Gunst des Hypochonders und seiner Frau zurückerlangen, da sie die beiden zuvor verärgert hatte. Darüber hinaus warnt die Dienerin Cléante vor der Hochzeit, die ihr Vater für sie vorgesehen hat.

Erstes Zwischenspiel

Die Szene wird von Tanz und Gesang unterbrochen. Toinettes Verehrer Polichinelle singt ihr eine Serenade, doch er wird zunächst von Musikanten gestört und danach von der Scharwache verfolgt, die ihn abführen will. Nachdem er sich eine Tracht Prügel eingefahren hat, besticht er sie mit einem großzügigen Trinkgeld und wieder freigelassen.

ZWEITER AKT

1. Szene

Unter dem Vorwand, er sei Angéliques Musiklehrer, erscheint Cléante bei Argan, um ihre wahren Gefühle in Erfahrung zu bringen.

2.-5. Szene

Als alle in Argans Zimmer versammelt sind, erscheinen Diafoirus und sein Sohn Thomas. Während Toinette sie heimlich verspottet, tauschen die beiden Männer Komplimente aus und Diafoirus preist seinen Sohn und dessen Qualitäten als zukünftiger Ehemann an. Währenddessen geben Cléante und Angelique eine improvisierte Oper zum Besten, die von einem Hirten und einer Hirtin handelt, die sich lieben, aber nicht heiraten können, da der Vater die junge Frau mit einem Mann verheiraten möchte, den sie als abstoßend empfindet. Doch Argan gibt sich unbeeindruckt und weist Cléante aus dem Haus.

6. Szene

Béline tritt auf. Angelique bittet um mehr Zeit vor der Hochzeit, doch weder ihr Vater, noch Thomas Diafoirus, den nur seine eigenen Vorteile der Verbindung interessieren, sind gewillt, ihr diesen Wunsch zu erfüllen. Angélique streitet sich ebenfalls mit Béline und gibt ihr zu verstehen, dass sie sich darüber im Klaren ist, dass diese einzig und alleine an Argans Vermögen interessiert ist. Die Ärzte, Vater und Sohn, untersuchen Argan und verlassen danach das Haus.

7.-8. Szene

Béline und Argans zweite Tochter Louison haben Cléante in Angéliques Zimmer gehen sehen. Argan setzt die jüngere Schwester so sehr unter Druck, dass sie ihm alles erzählt, was sie über Angéliques und Cléantes Beziehung weiß.

9. Szene

Argans Bruder Béralde besucht ihn, um ihm einen Ehemann für Angelique vorzuschlagen, doch der eingebildete Kranke fühlt sich zu schwach, um sich mit ihm darüber zu unterhalten.

Zweites Zwischenspiel

Um seinen Bruder auf andere Gedanken zu bringen, hat Béralde mehrere Zigeuner kommen lassen, die, als Mauren verkleidet, Tänze und Lieder über Liebe und Jugend zum Besten geben.

DRITTER AKT

1.-2. Szene

Béralde ist auf Angeliques Seite und hat einen Plan ausgeheckt, um Argan erkennen zu lassen, dass die geplante Hochzeit seiner Tochter ein Fehler ist. Er weiht Toinette in sein Vorhaben ein und hält seinem Bruder vor Augen, dass die Ärzte seine Hypochondrie ausnutzen, um ihm sein Geld aus der Tasche zu ziehen.

3. Szene

Béralde versucht weiterhin, Argan zur Vernunft zu bringen. Seiner Meinung nach sind Ärzte nicht besser geeignet als jeder andere, um Kranke zu heilen. Um ihre Heilmittel zu ertragen, bedarf es in seinen Augen erst recht einer eisernen Gesundheit. Stattdessen rät er seinem Bruder, Molières Komödien über das betreffende Thema anzusehen. Doch Argan lehnt den Vorschlag vehement ab und kritisiert Molière erzürnt, da der es wagt, über Ärzte zu spotten. Schließlich appelliert Béralde an Argans Gewissen als Vater. Da eine Ehe für das ganze Leben geschlossen wird, sollte er die Gefühle seiner Tochter entscheiden lassen.

4.-5. Szene

In Anweseheit von Argans Apotheker Fleurant stellt Béralde den Nutzen der Ärzte und ihrer Anweisungen in Frage. Zum ersten Mal nimmt Argan nicht die vom Arzt verordnete Medizin, weshalb dieser wütend wird. Er überlässt den Hypochonder seinem eigenen Schicksal und wünscht ihm die schlimmsten Krankheiten.

6.-10. Szene

Béralde tröstet seinen Bruder, da ein neuer Arzt gekommen ist, um seinen Zustand zu überprüfen. Dabei handelt es sich um die verkleidete Toinette.

Sie untersucht ihn und schließt daraus auf Lungenprobleme, währen ihm Purgeon eine schlechte Leber und Diafoirus eine ineffiziente Milz diagnostiziert hatte. Bevor sie ihm eine baldige Visite verspricht, rät sie ihm, sich einen Arm abzuschneiden und ein Auge auszustechen. Der eingebildete Kranke ist nun doch äußerst skeptisch.

11. Szene

Wieder einmal versucht Béralde seinen Bruder davon zu überzeugen, Angelique ihren Ehemann selbst auswählen zu lassen und ihm vor Augen zu halten, dass seine medizinische Behandlung sinnlos ist und Béline ihn manipuliert. Toinette, die immer vorgibt, mit Argan einer Meinung zu sein, wiederspricht Béraldes letzter Anschuldigung und täuscht den Tod ihres Meisters vor, um die aufrichtigen Gefühle seiner Ehefrau zu beweisen.

12.-13. Szene

Als Béline vom angeblichen Tod ihres Mannes erfährt, ist sie freudig und erleichtert . Sie erklärt Toinette, nur noch einige Dokumente bearbeiten zu müssen, um an ihr Erbe zu gelangen. Argan kennt nun die wahren Absichten seiner Ehefrau, stellt sich jedoch weiterhin tot, um auch seine Tochter auf die Probe zu stellen. Doch diese bricht in tiefe, aufrichtige Trauer aus.

16. Szene

Cléante kehrt zurück, um Argan noch einmal um die Hand seiner Tochter zu bitten, doch stattdessen findet er die tief trauernde Angélique vor. Sie verkündet ihm, ihn nicht mehr heiraten und stattdessen ins Kloster gehen zu wollen, wie es ihr Vater gewollt hätte.

Argan richtet sich schließlich auf und nach einem Freudenausbruch bringen Béralde und Toinette ihn dazu, der Hochzeit des jungen Paares einzuwilligen, jedoch unter der Bedingung, dass Cléante Arzt wird. Darüber hinaus beschließen sie, dass Argan selbst Arzt werden sollte, um seine zahlreichen Beschwerden zu heilen. Bei einer feierlichen Zeremonie am selben Abend, die von einem Bekannten Béraldes begonnen wird, legt der Hypochonder seinen Ärzteschwur ab, ohne zu erkennen oder erkennen zu wollen, dass es sich dabei um ein reines Schauspiel handelt.

Drittes Zwischenspiel

Erzählung, Tanz und Gesang werden vermischt, um Argan unter lateinisch klingenden Worten feierlich zum Arzt zu ernennen.

PERSONENANALYSE

ARGAN

Der eingebildete Kranke ist stets umgeben von Ärzten oder beschäftigt sich mit all seinen Wehwehchen. Um einen Arzt in seiner nächsten Umgebung zu haben, will er eine Tochter mit dem werdenden Arzt Thomas Diafoirus verheiraten. Er ist von seiner Hypochondrie so geblendet, dass er nicht bemerkt, dass die Ärzte ihn nur ausnutzen.

Neben Angélique hat Argan noch eine jüngere Tochter, Louison, und ist in zweiter Ehe mit Béline verheiratet, die ihn jedoch nur wegen seines Geldes liebt.

BÉLINE

Argans zweite Frau ist jünger als er. Sie gibt vor, ihn zu lieben und sich rührend um ihn zu kümmern, wartet in Wirklichkeit jedoch nur auf seinen Tod, um an ihr Erbe zu gelangen. Zu diesem Zweck zieht sie ihren verbündeten Anwalt zu Rate und plant, ihre beiden Stieftöchter ins Kloster zu schicken.

ANGÉLIQUE

Argans älteste Tochter ist bis über beide Ohren in Cléante verliebt, der ihre Gefühle erwidert. Sie behauptet sogar, lieber zu sterben, als Thomas Diafoirus zu heiraten, den ihr Vater für sie vorgesehen hat. Trotz allem liebt sie ihren Vater innig, genau wie die Dienerin Toinette, die ihre Vertraute und Ratgeberin ist. Toinette und ihr Onkel Béralde helfen ihr dabei, einen Weg zu finden, Cléante zu heiraten.

LOUISON

Louison ist die jüngere der beiden Schwestern. Als Cléante Angelique besucht, versucht sie, dies vor ihrem Vater geheim zu halten.

TOINETTE

Argans Dienerin ist gewitzt, schlau, gewissenhaft, fleißig, loyal und scheut sich nicht, auch auf vorlaute Weise ihre Meinung zu äußern. Sie berät und unterstützt Angélique in Liebesangelegenheiten und heckt den Plan aus, der Argan erkennen lässt, wer ihn in seiner Familie wirklich liebt.

BÉRALDE

Argans Bruder ist äußerst vernünftig und hält nicht viel von Ärzten, da diese seiner Meinung nach keine Krankheiten heilen können. Er sieht sich gerne Komödien an und versucht, auch seinen Bruder davon zu begeistern, indem er ihm empfiehlt, sich Molières Werke anzusehen. Darüber hinaus bemüht er sich, Angelique zu ihrem Glück zu verhelfen.

CLÉANTE

Angeliques Verehrter ist gutaussehend und mutig und scheut sich nicht, sich für sie einzusetzen. Die Gefühle, die er für sie hegt, sind aufrichtig. Um sie sehen zu können, gibt er sich als ihr stellvertretender Musiklehrer aus und ist sogar bereit, selbst Arzt zu werden, damit ihnen Argan seinen Segen für die Hochzeit gibt.

DIE MEDIZINER

- **Dr. Diafoirus** ist Argans Arzt und Thomas' Vater. Er repräsentiert nach Molières' Auffassung den Archetyp eines Arztes, denn er ist von sich selbst eingenommen und engstirnig. Außerdem tritt er stets in Begleitung seines Sohnes auf.

- **Thomas Diafoirus** ist ebenfalls Arzt. Obwohl er noch jung ist, genießt er sofort Argans Respekt, da er mit einer Disputation der Ergebnisse moderner Experimente über den Blutkreislauf widerspricht, und sich damit in einer aktuellen Debatte in Medizinerkreisen positioniert. Sein Vater beschreibt ihn dennoch als einen etwas schwerfälligen jungen Mann, dem es an Vorstellungskraft fehlt. Der Heiratsantrag wurde vom Vater eingefädelt, dass Angélique nicht in Tomas verliebt ist, stellt dabei für keine der beiden ein Problem dar.

- **Dr. Purgon** ist ein anderer Arzt Argans und Thomas' Onkel. Als Argan versucht, seine Tochter von den Vorteilen der arrangierten Ehe zu überzeugen, behauptet er, Purgon sei ein reicher Mann, der außer seinem Neffen keinerlei Familie habe, und daher diesem „seiner Heirat willen sein ganzes Vermögen" verschreiben würde (Erster Akt, Szene 5).

- **Fleurant** ist Apotheker und erscheint nur ein einziges Mal während des gesamten Stücks (Dritter Akt, Szene 4), als er Argan sein Klistier applizieren will. Als Béralde ihn anweist, den Einlauf verschieben, ist er erzürnt und beschwert sich bei Dr Purgon.

Die Ärzte der damaligen Zeit tragen schwarze und weite Kleidung, sowie spitze Hüte, die sie wie Leichenbestatter aussehen lassen, was sich Molière als perfekte Gelegenheit bietet, um die Ärzte zu verspotten. Ihre Namen lassen auf ihr Spezialgebiet schließen: Purgeons Name leitet sich vom französischen Wort „purges" für Abführmittel ab, dessen bevorzugt verschriebene Medizin. Der Apotheker Fleuret trägt sein Klistier wie ein Florett (französisch fleuret), eine Fechtwaffe. Der Name Diafoirus ist besonders raffiniert: Die Vorsilbe „dia" stammt aus dem Griechischen, die Endung „-us" aus dem Lateinischen und die „foire" bedeutet auf Altfranzösisch in etwa „Hosenscheißer".

INTERPRETATION

DIE GATTUNG „BALLETTKOMÖDIE"

Nicolas Fouquet (1615-1680), der oberste Finanzbeamter des Königs Louis XIV, organisierte zu Ehren des Königs ein rauschendes und verschwenderisch inszeniertes Fest auf seinem Landsitz Vaux-le-Vicompte im Departement Île-de-France. Molière wurde damit beauftragt, die Theateraufführungen zu koordinieren. Gemeinsam mit dem Ballettmeister Pierre Beauchamp (1631-1705) und dem italienisch-französischen Komponisten Jean-Baptiste Lully (1632-1684) schrieb er zu dieser Gelegenheit die Comédie-ballet *Die Lästigen*, die allererste dieser neuen Gattung, die 1961 entstand. Doch zwölf Jahre später war das neue Genre bereits in Vergessenheit geraten. Der Autor selbst gab der Mischung verschiedener Kunstformen auf der Bühne zunächst keinen bestimmten Namen und bezeichnete sie schlichtweg als Komödie. Der Ausdruck *comédie-ballet* (Ballettkomödie) tauchte zum ersten Mal 1682 in Molières

Werkesammlung *Œuvres* als Bezeichnung für sein Stück *Monsieur de Pourceaugnac* auf. Seit 1734 wurde der Begriff häufiger verwendet.

Der ursprüngliche Grund für das neue Genre war, dass sie den Balletttänzerinnen die Möglichkeit bot, sich zwischen zwei Aufführungen umzuziehen. Die Tanz- und Spielszenen schließen sich also aneinander an, beide Kunstformen werden nicht miteinander verbunden.

Doch die hauptsächliche Intention der Bühnengattung ist es, mithilfe von Schauspielern, Sängern und Tänzern dieselbe Geschichte zu erzählen. Das Comédie-ballet ist also gleichzeitig Drama, Musiktheater, und Ballett – es wird gesprochen, gesungen und getanzt. Damit wollte Molière Ballett und Komödie vereinen.

Die erste und einzig wahre Ballettkomödie *Die Lästigen* (1661) basiert also auf der Abfolge von den „sprechenden Lästigen" und den „tanzenden Lästigen", die eine und dieselbe Geschichte erzählt. Dabei ging Molière untypischerweise sogar das Risiko ein, dem Text einen Hinweis beizufügen, es handle sich um eine für die Theater neue Mischung. In mehreren Stücken (*Der Bürger als Edelmann, Die hochherzigen Liebenden, Georges Dandin*) versuchte er, eine Harmonie zwischen Tanz und Theater zu erschaffen. Mit *Der eingebildete Kranke* perfektioniert er sein Vorhaben, benennt es jedoch selbst nie mit dem Begriff *Comédie-ballett*.

Das von Kritikern wie dem französischen Schriftsteller Donneau de Visé (1638-1710) hochgelobte Bühnenstück brachte zunächst jedoch nicht den erwarteten Erfolg mit sich.

DER WANDEL DER BALLETTKOMÖDIE ZUR REINEN KOMÖDIE

Etwa zehn Jahre lang arbeitet Molière mit Lully zusammen, der jedoch andere Ambitionen verfolgt: Er will die Oper, eine aus Italien stammende Kunstform, in Frankreich durchsetzen und benötigt dafür das königliche Wohlwollen. Am 14. März 1672 wurde ihm das Monopol auf Opern gewehrt. Molière beendet schließlich die Zusammenarbeit und tut sich mit dem Komponisten Marc-Antoine Charpentier (1643-1704) zusammen, der von nun an den musikalischen Teil seiner Ballettkomödie übernimmt.

Am 17. Februar starb Molière nach nur vier Aufführungen seines Stücks *Der eingebildete Kranke.* Zwar spielt seine Theatergruppe das Werk weiter, bricht jedoch nach dem Tod ihres Gründers auch etwas auseinander. Außerdem ist die glanzvolle Inszenierung äußerst kostspielig und die Einnahmen reichen kaum aus, um die Auftritte zu finanzieren. Die Schauspieler bitten also de Charpentiers, die Musik schlichter zu gestalten, um so die Ausgaben für die Musiker geringer zu halten.

Doch die Beliebtheit des Stückes geht weiter zurück, denn auch der Geschmack des Publikums verändert sich und spektakuläre Bühneneffekte stoßen immer weniger auf Begeisterung. Vorworte und Zwischenspiele werden gestrichen, nur die Endaufführung bleibt bestehen. Von Molières ursprünglichem Stück ist nur noch der Text übrig. Kann man also wirklich noch von einer Ballettkomödie sprechen? Von nun an wird *Der Eingebildete Kranke* nur noch als Komödie bezeichnet.

Der eingebildete Kranke gilt als Molières Werk mit

dem stärksten autobiographischen Charakter, da er die Rolle des Argan übernahm und selbst krank war, was die Komödie zu einem Drama machte und den eingebildeten Kranken zu einem tatsächlich kranken Mann. Damit wird die eigentliche Botschaft des Werkes verraten und dessen Sinn (nämlich die lächerliche Darstellung des Hypochonders) umgekehrt. Es verliert seinen komödiantischen Charakter und in den Aufführungen scheint ein ganz anderes Stück gespielt zu werden.

Es existieren zwei mögliche Interpretationen des Stücks: Zum einen, dass Argan wirklich krank ist und von seiner Familie, die ihn nicht versteht, schlecht behandelt und von skrupellosen Ärzten ausgenutzt wird. Diese Theorie wird von Kritikern gestützt, die in dem Werk autobiographische Züge sehen. Die andere Möglichkeit besteht darin, dass der Autor mit seiner Komödie einen Hypochonder aufs Korn nimmt, dessen Krankheit alleine in seiner Vorstellungskraft existiert. Je nachdem, wie ein Regisseur das Stück interpretiert, wird die Inszenierung entweder zu einem Drama oder einer Komödie.

Heutzutage wird *Der eingebildete Kranke* wieder

neu als Ballettkomödie interpretiert. Die zeitgenössischen Regisseure bringen die musikalischen Passagen zurück, binden sie in ihre Aufführungen ein und gestalten das Stück damit so, wie Molière es einst konzeptionierte.

DIE INTRIGENKOMÖDIE

In fast allen seinen Werken respektiert Molière den klassischen Handlungsverlauf der Intrigenkomödie: Die Liebesheirat eines jungen Mädchens wird durch ein Elternteil verhindert. Normalerweise ist die Person, die der Hochzeit im Wege steht, auf irgendeine Weise verrückt oder besessen und kann ihre eigenen Fehler nicht sehen. Während der Handlung wird der Person ihr falsches Verhalten vor Augen geführt und ihre lächerlichen Charakterzüge treten ans Licht.

Der eingebildete Kranke bleibt diesem Schema auf ganzer Linie treu: Der Hypochonder Argan verbietet seiner Tochter Angélique die Hochzeit mit Cléante und will stattdessen, dass sie einen Arzt heiratet, um so ständig medizinischen Beistand zu haben.

Die Protagonisten einer Intrigenkomödie

Die Protagonisten können in drei Kategorien unterteilt werden:

- Die Eltern, die die Hochzeit ihrer Kinder verhindern und ihnen ein anderes Schicksal aufzwingen wollen, um einen eigenen Nutzen zu daraus zu ziehen. So behauptet Argan:

  > Es ist ja auch meinetwegen, daß ich ihr diesen Arzt ausgesucht habe; und eine wohlgeartete Tochter sollte sich freuen, wenn sie für die Gesundheit ihres Vaters heiraten kann. (S. 18).

- Die habgierigen Menschen, die den Besessenen umgarnen und ihn für ihre eigenen Zwecke benutzen. Sie sind heuchlerisch und manipulieren eine Person, deren Charakter sie gut kennen. Béline bestätigt beispielsweise Argan in all seinen eingebildeten Krankheiten, um an sein Erbe zu gelangen;
- Die Guten, normalerweise ein Paar, deren Glück von anderen bedroht ist und einige vernünftige Personen auf seiner Seite hat (hier Béralde). Die Rolle dieser Protagonisten bringt den gewünschten moralischen Effekt mit sich. So belehrt auch Béralde Argan im dritten Akt,

dass er nicht krank ist und Ärzte auch keine Kranken heilen können;

- Diejenigen, die den Verrückten die Stirn bieten sind oft freche und gewitzte Diener oder Knechte, so wie Toinette, die Argan offen widerspricht, und einen Plan ausklügelt, um Bélines wahre Absichten ans Licht zu bringen.

Das Dénouement

Viele Handlungen Molières könnten als Drama enden, Argan wird beispielsweise fast von seinen Ärzten und seiner Frau finanziell ruiniert. Doch eine Komödie verlangt nach einem glücklichen Ende, an dem die Bösen bestraft und die Guten belohnt werden. Darüber hinaus ist Molière darauf bedacht, Familienfrieden und Vernunft siegen zu lassen. Aus diesem Grund erfindet er ein künstliches, strategisch herbeigeführtes oder unvorhersehbares Ende.

Toinette und Béralde gelingt es schließlich, Argan zu überzeugen, seine Tochter den zukünftigen Arzt Cléante heiraten zu lassen und selbst Arzt zu werden. Das Stück endet mit einem euphorischen Ballett, dass die Unglaubwürdigkeit des Endes überspielen soll. Dennoch reicht auch der glückliche Ausgang und die Tatsache, dass die wahren Absichten Bélines und die Unfähigkeit der Ärzte gelüftet wurde, nicht, um Argans tief sitzende Hypochondrie zu heilen. Er bleibt ein Hypochonder und damit hinterlässt die Komödie mit ihrem nicht vollständig glücklichem Ende trotz des Lachens einen pessimistischen Eindruck beim Zuschauer.

Das Zeitalter Molières

In seinem Werk macht sich Molière nicht nur über die Sitten, sondern auch über typische Verhaltensweisen und Charakterzüge der Menschen der damaligen Zeit lustig:

- Die Gesellschaft. Molières Intrigen entstehen in Milieus, die ihm selbst vertraut sind. Die Personen, die er beschreibt, sind von ihrem Beruf und ihren Lebensbedingungen geprägt. Mit Argan betreten wir die Welt der feinen Gesellschaft, zu der er selbst gehört, genau wie Intellektuelle, Ärzte, Apotheker und Notare. Da Molière selbst krank war, konnte er die Ärzte, von denen er nicht viel hielt, zu Genüge beobachten. Durch Béraldes Reden kritisiert er die Mediziner offen und rückhaltlos;

- Die Charaktere. Molière wollte seine Protagonisten möglichst realistisch beschreiben, sie sollten Menschen ähneln, mit denen sich jeder identifizieren kann. Bemerkenswert ist ebenso, dass viele seiner Charaktere zu Archetypen wurden. So bezeichnet man mit „Harpagon" (Hauptperson aus *Der Geizige*) einen Geizhals und mit „Tartüff" (Protagonist aus *Tartuffe*) einen Heuchler. Die Protagonisten des Autors folgen blind einem bestimmten Ziel: Der Hypochonder Argan ist so besessen von der Medizin, dass er den Verstand verliert. Sein blinder Egoismus schadet seiner Familie, da er seine Tochter zwingen will, einen Mann zu heiraten, der allein seinen Vorstellungen entspricht. Seine Besessenheit zeigt sich insbesondere darin, dass seine Ansichten nicht mit denen eines gesunden Menschen vereinbar sind und er sich auch durch keine rationale Erklärung umstimmen lässt. Stattdessen erzürnt er sich und gibt naive Antworten, die zeigen, wie blind er eigentlich ist. Als Béralde beispielsweise seine Behandlung in Frage stellt, antwortet Argan ihm nur: „Weißt du denn nicht, Bruder, daß die allein mich erhalten, und daß Herr Purgon mir versichert, ich wäre geliefert, wenn er sich nur drei Tage lang nicht um mich kümmerte?" (S. 70). Seine Hypochondrie macht ihn so blind, dass er den falschen Personen Vertrauen schenkt: Seiner Ehefrau, die ihn manipuliert, und den Ärzten, die ihn laut seiner eigenen Einschätzung besser kennen als jeder andere, es jedoch in Wirklichkeit nur auf sein Geld abgesehen haben. Obwohl Argan kein schlechter Mensch ist, verhält er sich egoistisch, denn er denkt nur an seine angeblichen Krankheiten, seine Behandlung, seine Ärzte und damit letztendlich nur an sich selbst. Er will seine Tochter mit einem langweiligen Mann verheiraten, den sie nicht liebt, nur weil er Arzt ist und er schert sich weder um die Ratschläge seines Bruders noch Toinettes, obwohl beide nur sein Bestes wollen. Den Menschen, die sich wirklich um ihn sorgen, schenkt Argan kaum Beachtung.

DIE KOMIK MOLIÈRES

Die dramatischen Szenen in *Der eingebildete Kranke* sollen den Zuschauer zum Lachen bringen. Zu diesem Zweck bedient sich Molière folgender Mittel:

- Der Komik der Charaktere. Die Besessenheit des Protagonisten und seine unverständliches Verhalten wirken sich auch auf das Zusammenleben mit seinen Nächsten aus. Die Hypochondrie bestimmt Argans ganzes Leben und bringt ihn dazu, seine Tochter mit einem Arzt verheiraten zu wollen, obwohl sie einen anderen liebt.
- Der Situationskomik. Diese wird auf verschiedene Weise in dem Stück umgesetzt, beispielsweise als Polichinelle im ersten Zwischenspiel von der Wache verprügelt wird, oder als Louison, nachdem sie mit dem Stock geschlagen wurde, ihren Tod vortäuscht (Zweiter Akt, Szene 7). Die Verwechslung ist ebenfalls ein klassischer Fall der Situationskomik. Argan hält Cléante für den stellvertretenden Musiklehrer (Zweiter Akt, Szene 2), Thomas Diafoirus macht Angélique ein Kompliment, das eigentlich Béline gelten sollte (Zweiter Akt, Szene 5) und Toinette verkleidet sich als Arzt (Dritter Akt, Szene 10);
- Der Sprachkomik. Dazu zählt die Wortwiederholung, wie Toinettes ständiger Ausruf „ignorant!" (Dritter Akt, Szene 10, S. 83) oder die falsche lateinische Version

„Ignorantus, ignoranta, ingnorantum" in derselben Szene (S. 84). Der Medizinerjargon sorgt ebenfalls für einen komischen Effekt, insbesondere als Purgon Argan mit den schlimmsten Krankheiten verwünscht, die alle auf die Silbe -ie enden und sich reimen: „[...] aus der Bradypepsie in die Dyspepsie. [...] Aus der Dyspepsie in die Aspepsie [...] Aus der Aspepsie in die Lienterie [...] Aus der Lienterie in die Dyssenterie [...]" (S. 77-78).

Molières Stück ist eine kritische Satire der Medizin und ihrer Vertreter, seien es Besserwisser wie die Ärzte oder Menschen, die sich auf obsessive Weise mit ihr Beschäftigen, wie Argan. Der Autor macht sich darüber lustig, dass dem kranken Laien ein unverständlicher, medizinischer Vortrag gehalten wird, der nur dazu dient, ihn weiterhin an die Ärzte zu binden. Als Toinette sich als Arzt verkleidet, ist ihre Diagnose derart lächerlich, dass der gesunde Menschenverstand genügt, um sie als Unsinn zu erkennen. Selbst Argan zeigt einen ersten Ansatz von Skepsis, da er zum ersten Mal den Ratschlag eines Mediziners nicht befolgt und sich nicht, wie sie ihm empfohlen hat, einen Arm abschneidet. Der Schriftsteller und Theaterexperte Robert Abirached (geboren 1930) erklärt in einem seiner Werke, Molières Gesellschaftsbild sei positiv und beruhe auf Vernunft, individueller Freiheit, und gesundem Menschenverstand.

DER EINGEBILDETE KRANKE – EINE FARCE?

Die Komik in *Der eingebildete Kranke* greift Elemente der Farce auf, eine mittelalterliche Art der Komödie, die den Zuschauer durch die Darstellung unwahrscheinlicher Situationen, Verkleidungen und bewusster Absurdität zum Lachen bringt. Da die Farce relativ kurz ist, muss der gewünschte Effekt umso deutlicher und schneller auftreten. Deshalb fehlt es den Charakteren an Tiefgründigkeit und scheinen eher einer Karikatur zu entsprechen. Auch die Komik ist weniger raffiniert und wird oft durch Grimassen und Gesten erzeugt.

Molière ließ sich allerdings stärker von der italienischen Farce, der Commedia dell'arte be-einflusst, die komplexer ist als die französische Version. Dadurch ist auch der Handlungsverlauf in Molières Werken ausgefeilter (als zu erwarten gewesen wäre).

Die für die Farce typischen Charakter, die sich in *Der eingebildete Kranke* finden lassen, sind der alte, verärgerte Vater (Argan), das Liebespaar (Cléante und Angelique), deren Komplizin, die kluge Dienerin (Toinette) und die von sich selbst überzeugten Ärzte und Apotheker. Mit Béline, Argans zweiter Frau, findet sich auch ein Charakter, der alleine von Geldgier angetrieben wird.

MOLIÈRES KRITIK DER MEDIZIN

Die kritische Sichtweise der Medizin ist ein allgegenwärtiges Thema in Molières Werken. In zahlreichen Szenen werden die Ärzte ins Lächerliche gezogen und als nutzlose Besserwisser dargestellt, die das Leben ihrer Patienten eher gefährden, als ihnen zu helfen. Molières Kritik wird bereits in den Titeln seiner Bühnenstücke deutlich: *Der fliegende Arzt*, *Arzt wider Willen*, *Die Liebe als Arzt*, etc. Er stellt die Autorität der Mediziner in Frage und in der Gesellschaft entwickelt sich eine Bewegung, die die gleiche Ansicht vertritt. Philosophen wie Montaigne (1533-1592) oder Gassendi (1592-1655) schrieben bereits über die Ablehnung der Medizin ihrer Zeit und sahen sie nicht nur als nutzlos, sondern sogar als schädlich an, da sie die Angst der Menschen schürte. Montaigne beschrieb die Medizin in seinen *Essais* sogar als fantastische und übernatürliche Kunstform.

Die vehemente Ablehnung der Medizin und ihrer Vertreter von manchen Seiten bezeugt die Absurdität der medizinischen Situation in der damaligen Zeit: Obwohl Wissenschaft und Technologie beachtliche Fortschritte vorweisen konnten, hielten die Ärzte am Stand des griechischen Arztes Hippokrates (460-377 v. Chr.) und Galenos (131-201 n. Chr.) fest. Außer Abführmittel und Aderlass, was den Organismus erleichtern sollte, existierten wenig medizinische Praktiken. Die kontroverse Debatte um den Blutkreislauf ist ein perfektes Beispiel dafür, was Molière den Ärzten vorwirft: die blinde Liebe zur alten Schule der Medizin, für die Dafoirus seinen Sohn in der fünften Szene des zweiten Akts lobt, als dieser seine Disputation vorlesen will, die die These der Blutzirkulation widerlegt. Die Erforschung des Blutkreislaufs und seiner Bedeutung durch den englischen Arzt William Harvey (1578-1657) 1628 stellt schließlich zahlreiche Praktiken und Denkweisen in Frage.

Um seine Kritik zu unterstreichen, bedient sich Molière Elemente, die in seinen Augen Symbole der Medizin sind, beispielsweise die Verwendung lateinischer Wörter. Er verfremdet die Sprache, um die Ärzte, die sie verwenden und vorgeben, sie zu beherrschen, ins Lächerliche zu ziehen. Denn die Verwendung lateinischer Fachbegriffe, die außer Medizinern niemand versteht, ist ein weiteres Mittel, um den Patienten, die auf dem Gebiet Laien sind, Angst einzujagen. Darüber hinaus zeigt der Gebrauch von Latein die enge Verbindung zwischen Medizin und Kirche. Da die katholische Kirche das Sezieren verbot, bremste sie somit auch den Fortschritt anatomischer Erkenntnisse.

Außerdem weiß Molière, dass die Medizinerausbildung zur damaligen Zeit ungenügend ist und die Ärzte dabei nicht lernen, wirksame Heilungsmethoden zu entwickeln. Zudem ist das Medizinstudium ausgesprochen teuer, es sei denn man hat das Glück, ein Arztsohn zu sein, wie Thomas Diafoirus, der allerdings nicht intelligent genug erscheint, um den Beruf seines Vaters ausüben zu können. Die Kurse während des Studiums sind rein theoretisch und der Bader (Betreiber einer Badestube und Gehilfe der akademisch gebildeten Ärzteschaft) führt die Operationen durch, für die sich die Ärzte ohnehin zu schade sind. Den Medizinereid legt Argan ohne jegliches Studium bei einer feierlichen Zeremonie ab, die von Schauspielern inszeniert wurde. Diese Parodie macht sich über den tatsächlichen Ablauf des Medizinerschwurs lustig, bei der der Kandidat auf zahlreiche Fragen seiner Kollegen antworten muss. Molière fasst dabei die ganze Medizin in wenige pseudolateinische Wörter zusammen: „Wunderbari miraculo Seit also longo tempore Facit in Schmausibus vivere Soviel confratres omni genere [...]" (S. 94). Zuletzt muss Argan der Ärztegesellschaft schwören, keinerlei Praktiken anzuwenden, die nicht zuvor von ihr genehmigt wurde.

Auch heute noch begeistert Molières letztes Stück *Der Eingebildete Kranke* das Publikum und wird aufgrund seiner Vielschichtigkeit, die sich in den verschiedenen Kunstformen, den psychologisch tiefgehenden Charakteren und der Kritik des Autors äußert, noch immer häufig analysiert.

ZUM NACHDENKEN

FRAGEN ZUR VERTIEFUNG

- Inwiefern folgt *Der eingebildete Kranke* dem klassischen Schema einer Intrigenkomödie?
- Welches Ziel verfolgt Molière in all seinen Werken?
- Wen oder was kritisiert der Autor in diesem Werk insbesondere?
- Glaubst Du, dass das Stück seinerzeit auf schockierte Reaktionen stieß? Begründe Deine Antwort.
- Vergleiche Argan mit anderen Protagonisten aus Molières Werken (Harpagon, Tartuffe, etc.). Welche Gemeinsamkeiten kannst Du dabei feststellen?
- Wie würdest Du das Ende des Werkes beschreiben?
- Was fällt Dir zur Bedeutung von List und Täuschung in *Der eingebildete Kranke* ein? Trifft Deine Beobachtung auch auf andere Stücke von Molière zu?
- Welchen Zweck haben die Zwischenspiele in

dem Stück?

- Womit greift das Stück Elemente der Farce auf?
- Was glaubst Du, weshalb wurde dieses Stück und Molières Schaffen im Allgemeinen zu einem solch großen und zeitlosen Erfolg?

Deine Meinung ist uns wichtig!
Hinterlasse doch einen Kommentar auf der Seite
unserer Online-Buchhandlung
und teile Deine Favoriten in den sozialen
Netzwerken!

DARÜBER HINAUS

HERANGEZOGENE AUSGABE

- Molière: *Der eingebildete Kranke*, aus dem Französischen von Wolfgang Heinrich Graf Baudissin, Damnick, Braunschweig, 2015

SEKUNDÄRLITERATUR

- Grimm, Jürgen: *Molière*, Metzler, Stuttgart, 1984
- Hösle, Johannes: *Molière. Sein Leben, sein Werk, seine Zeit*, Piper, München / Zürich, 1987

VERFILMUNGEN

- *Der eingebildete Kranke*, Film von Hans H. König, mit Joe Stöckel, Jupp Hussels und Lucie Englisch, Deutschland, 1952
- *Le Malade imaginaire*, Fernsehfilm von Claude Santelli, mit Michel Bouquet und Dominique Labourier, Frankreich, 1971

www.derQuerleser.de

ISBN digitale Ausgabe: 9782808006286

ISBN gedruckte Ausgabe: 9782808006682

Pflichtexemplar: D/2017/12603/895

Cover: © Plurilingua

Logo: © Graphicrepublic (Freepik.com) und Plurilingua

In Zusammenarbeit mit Johanna Biehler für die Personenanalyse der Mediziner und die Kapitel „Die Gattung „Ballettkomödie"", „Der Wandel der Ballettkomödie zur reinen Komödie" und „Molières Kritik der Mediziner".

Digitale Aufbereitung: Primento, der digitale Partner der Herausgeber